MEIN HUND
ERSTES JAHR

Parragon Books Ltd
Chartist House
15-17 Trim Street
Bath BA1 1HA, UK
www.parragon.com

Entwurf und Realisation: Tall Tree Ltd
Illustrationen: Apple Art Agency

Realisation der deutschen Ausgabe:
trans texas publishing, Köln
Übersetzung und Satz: lesezeichen Verlagsdienste, Köln

ISBN 978-1-4723-5104-3
Printed in China

MEIN HUND ERSTES JAHR

SHAWN SHERRY

Parragon
Bath • New York • Cologne • Melbourne • Delhi
Hong Kong • Shenzhen • Singapore • Amsterdam

ALLES BEREIT?

BEVOR ICH KAM, HAT MEIN HERRCHEN DAS BESORGT:

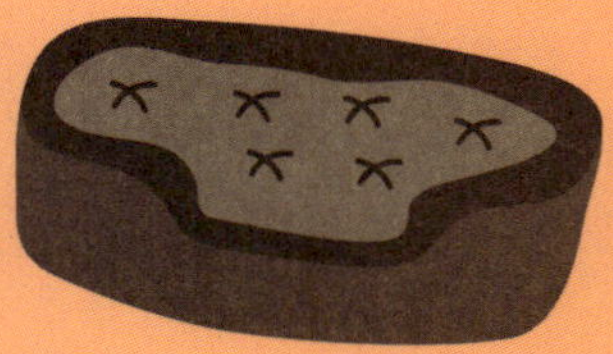

- [ ] KÖRBCHEN
- [ ] KAUSPIELZEUG
- [ ] HALSBAND
- [ ] NAMENSSCHILD
- [ ] BALL, UM IM PARK ZU SPIELEN
- [ ] LEINE FÜR SPAZIERGÄNGE
- [ ] WASSER- UND FRESSNAPF
- [ ] WELPEN-LECKERLIS
- [ ] WELPENNAHRUNG
- [ ] WELPENSHAMPOO
- [ ] BÜRSTE FÜR MEIN FELL
- [ ] ....
- [ ] ....
- [ ] ....
- [ ] ....

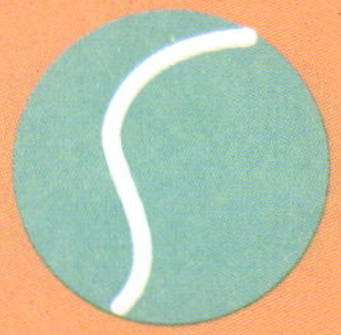

KNUFFIG

Foto vom
ersten Tag im
neuen Zuhause
einkleben.

Mein erster Tag im neuen Heim

MEIN NAME IST

So heiße ich, weil …

RASSE:

FARBE:

BESONDERE MERKMALE:

GESCHLECHT:

GEBURTSDATUM:

GEBURTSORT:

ES GAB   WEITERE WELPEN IN MEINEM WURF.

ÜBER MEINE ELTERN:

Ich gehöre jetzt zur Familie

ANKUNFT

AN MEINEM ERSTEN TAG TRAF ICH:

ICH SPIELTE MIT: IM/IN:

MEIN LIEBLINGSSPIELZEUG:

ICH HABE ZU ABEND GEFRESSEN.

An meinem ersten Tag im neuen Heim habe ich …

Foto vom
niedlichen Welpen
einkleben.

SÜSS!

MACH HÜBSCH!

BÖSER HUND!

Foto vom frechen Welpen einkleben.

SO EIN ÄRGER!

ALLES ZUM ERSTEN MAL

SO HABE ICH REAGIERT, ALS ...

... ICH DAS ERSTE MAL EINEN ANDEREN HUND TRAF:

... ICH DAS ERSTE MAL EINE KATZE SAH:

... ICH DAS ERSTE MAL SCHWIMMEN GING:

MEINE ERSTE NACHT IM NEUEN HEIM

Foto vom Welpen
im Körbchen
einkleben.

Schlafenszeit

BEVOR ICH SCHLAFEN GEHE, …

MEIN KORB STEHT IN/IM:

SCHLAFENSZEIT IST UM:

ICH NEHME ______ MIT INS KÖRBCHEN.

ICH WACHE AUF UM:

SO SCHLAFE ICH:

F. WARUM TRÄUMEN HUNDE DAVON, IM KREIS ZU LAUFEN?
A. WEIL ES ZU SCHWIERIG IST, IM QUADRAT ZU LAUFEN.

MEINE NEUE FAMILIE

DIESE MENSCHEN WOHNEN MIT MIR IM NEUEN HEIM:

ES GIBT NOCH FOLGENDE HAUSTIERE:

ICH SCHMUSE AM MEISTEN MIT , WEIL …

ICH SPIELE AM MEISTEN MIT , WEIL …

WER SICH AM MEISTEN UM MICH KÜMMERT, IST

Foto vom
Welpen mit der
neuen Familie
einkleben.

MEINE FAMILIE & ICH

Foto vom Welpen
in der ersten
Woche einkleben.

ES GIBT VIEL ZU ENTDECKEN

Meine erste Woche

Foto vom Welpen
in der zweiten
Woche einkleben.

Meine zweite Woche

MEIN ERSTER SPAZIERGANG

MEIN ERSTER SPAZIERGANG FÜHRTE NACH:

DAS WETTER WAR:

UNTERWEGS SAHEN WIR FOLGENDE HUNDERASSEN:

AUF GEHT'S

WER MEISTENS MIT MIR RAUSGEHT:

WAS ICH UNTERWEGS SEHR GERN MACHE:

ZUM SPAZIERGANG NIMMT MEIN HERRCHEN
FOLGENDE DINGE MIT:

GUTE KINDERSTUBE

WELCHE KOMMANDOS SOLL DER HUND LERNEN UND WIE GUT KANN ER SIE SCHON? (1 IST SEHR GUT.)

MAN SAGT ______ WENN ICH MICH SETZEN SOLL.

1 2 3 4 5

MAN SAGT ______ WENN ICH STEHEN BLEIBEN SOLL.

1 2 3 4 5

MAN SAGT ______ WENN ICH MICH HINLEGEN SOLL.

1 2 3 4 5

MAN SAGT ______ WENN ICH ETWAS EKLIGES IM MAUL HABE UND ES FALLEN LASSEN SOLL.

1 2 3 4 5

MAN SAGT ________ WENN ICH ETWAS AUFFANGEN SOLL.

1 2 3 4 5

MAN SAGT ________ WENN ICH INS KÖRBCHEN GEHEN SOLL.

1 2 3 4 5

MAN SAGT ________ WENN ICH BRAV NEBEN JEMANDEM HERLAUFEN SOLL.

1 2 3 4 5

MAN SAGT ________ WENN ICH ZU JEMANDEM HINLAUFEN SOLL.

1 2 3 4 5

WENN ICH ETWAS FEIN GEMACHT HABE, BEKOMME ICH ZUR BELOHNUNG:

Wie war ich?

Oft 1: perfekt
Oft 2: prima
Oft 3: schon ganz gut
Oft 4: könnte besser sein
Oft 5: Ich übe noch.

ICH KNABBERE GERN:

GUT!

1

2

3

4

5

VOLL LECKER — MIAMIAM!

DAS SOLLTE ICH NICHT FRESSEN:

1 ....

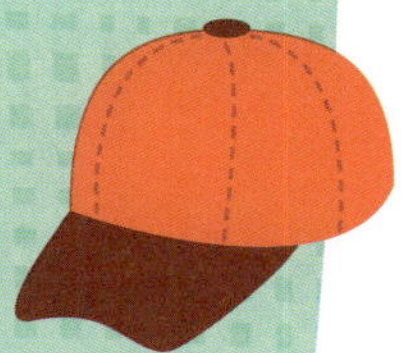

2 ....

3 ....

4 ....

5 ....

TOTAL EKLIG!

MEINE LIEBLINGSSPEISEN:

MMH!

1 ....

2 ....

3 ....

4 ....

5 ....

DAS MAG ICH NICHT GERN

1

2

3

4

5

BÄH!

Ich fresse gern.

Foto vom Welpen
beim Fressen
einkleben.

Foto vom Welpen
mit Spielzeug
einkleben.

Mein Lieblingsspielzeug

MEINE LIEBLINGSSPIELSACHEN

★★★★★ ....

★★★★★ ....

★★★★★ ....

★★★★★ ....

★★★★★ ....

Hier können die Spielzeuge mit unterschiedlich vielen Sternen bewertet werden.

F: WELCHEN PREIS BEKOMMT JEDES
JAHR DER LEISESTE HUND?
A: DEN NO-BELL-PREIS

LAUFEN

SCHNÜFFELN

VIEL SPASS!

Hier eine lustige
Hundekollage aufkleben.

F: WAS HEISST HUND
AUF ITALIENISCH?
A: LABELLO.

JAGEN

HERUMSTROMERN

DAS MAG ICH GAR NICHT

- [ ] LAUTE GERÄUSCHE
- [ ] KLEINE KINDER
- [ ] DIE DUNKELHEIT
- [ ] ALLEINE SEIN
- [ ] DEN REGEN
- [ ] AUTOS/AUTOFAHREN
- [ ] ANDERE HUNDE
- [ ] WASSER
- [ ] BADEN
- [ ] BALLONS
- [ ] FEUERWERK
- [ ] MOTORRÄDER

UND AUSSERDEM:

Wenn ich Angst habe, …

BRAV BÜRSTEN

ICH BADE ALLE ... TAGE.

ICH MAG BADEN (NICHT), WEIL

ICH WERDE ALLE ... TAGE GEBÜRSTET.

MEIN FELL BRAUCHT FOLGENDE BESONDERE

PFLEGE:

MEIN FELL IST:

MEIN HERRCHEN HAT FOLGENDE HILFSMITTEL:

HEGE UND PFLEGE

Foto vom
Welpen bei
der Fellpflege
einkleben.

FRÖHLICHES BÜRSTEN

Foto vom
Welpen vor dem
Spaziergang
einkleben.

GASSI GEHEN

ROUTENPLAN

ICH GEHE ... MAL AM TAG RAUS.

ICH BRAUCHE ... MINUTEN AUSLAUF PRO TAG.

AM LIEBSTEN ERKUNDE ICH FOLGENDE GEGENDEN:

MEINE LIEBLINGSROUTE IST:

WAS ICH UNTERWEGS AM LIEBSTEN MACHE:

ICH SCHNÜFFELE GERN:

MEISTENS TREFFEN WIR UNTERWEGS AUF:

Jetzt aber los!

KLEINE STROLCHE

MIT DIESEN WELPEN BIN ICH BEFREUNDET:

Beste Freunde

AM LIEBSTEN SPIELEN WIR:

WO WIR GERN SPIELEN:

DIE BESTEN SPIELSACHEN SIND:

MITTAGSSCHLÄFCHEN

DIE BESTE ZEIT DAFÜR IST ETWA UHR.

ICH LIEGE AUF DER/DEM SEITE BAUCH RÜCKEN

AM KUSCHELIGSTEN IST ES HIER:

So sehe ich aus, wenn ich schlafe.

Foto vom Welpen
auf der Pirsch
einkleben.

TAPFERER JÄGER!

AUF DER PIRSCH

KNABBER-KNIRSCH

Foto vom
Welpen beim
Spielzeugknabbern
einkleben.

LIEBLINGSSPIELZEUG

ERSTES WEIHNACHTSFEST

AN HEILIGABEND MACHTEN WIR:

ICH HABE FOLGENDE GESCHENKE BEKOMMEN:

Foto vom Welpen
an Weihnachten
einkleben.

Frohe Weihnachten!

KERNGESUND

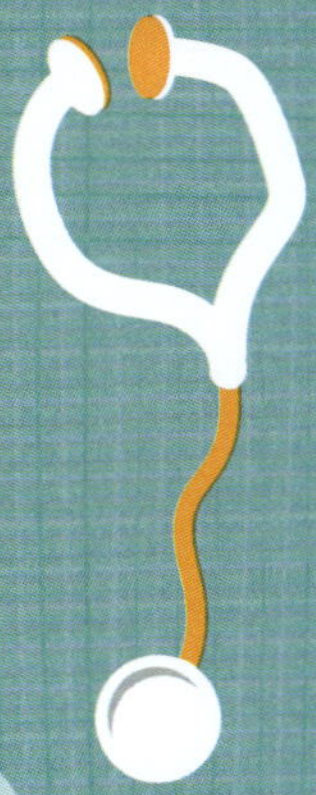

MEIN TIERARZT HEISST:

SEINE ADRESSE LAUTET:

SEINE TELEFONNUMMER:

DAS NEHME ICH, UM GESUND ZU BLEIBEN:

ICH NEHME ALLE TAGE

ICH NEHME ALLE TAGE

ICH NEHME ALLE TAGE

DARUM HABE ICH KEINE FLÖHE.

ALLES GUTE!

IMPFUNGEN

ICH BIN GEIMPFT GEGEN:

J HABE ICH EINEN MIKROCHIP? N

SEINE NUMMER LAUTET:

MEINE VERSICHERUNG UMFASST:

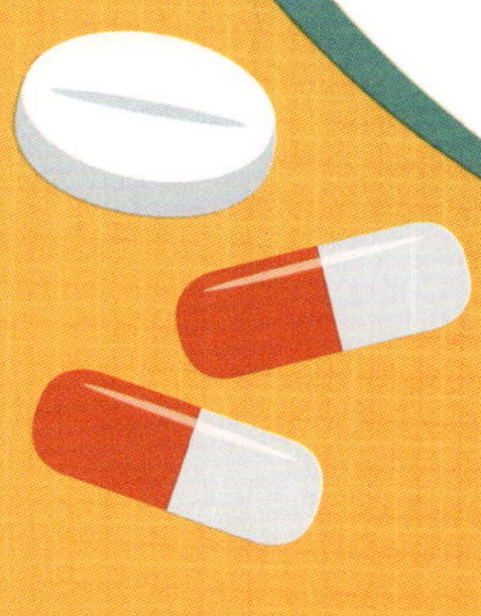

REISETAGEBUCH

ICH WAR SCHON IN:

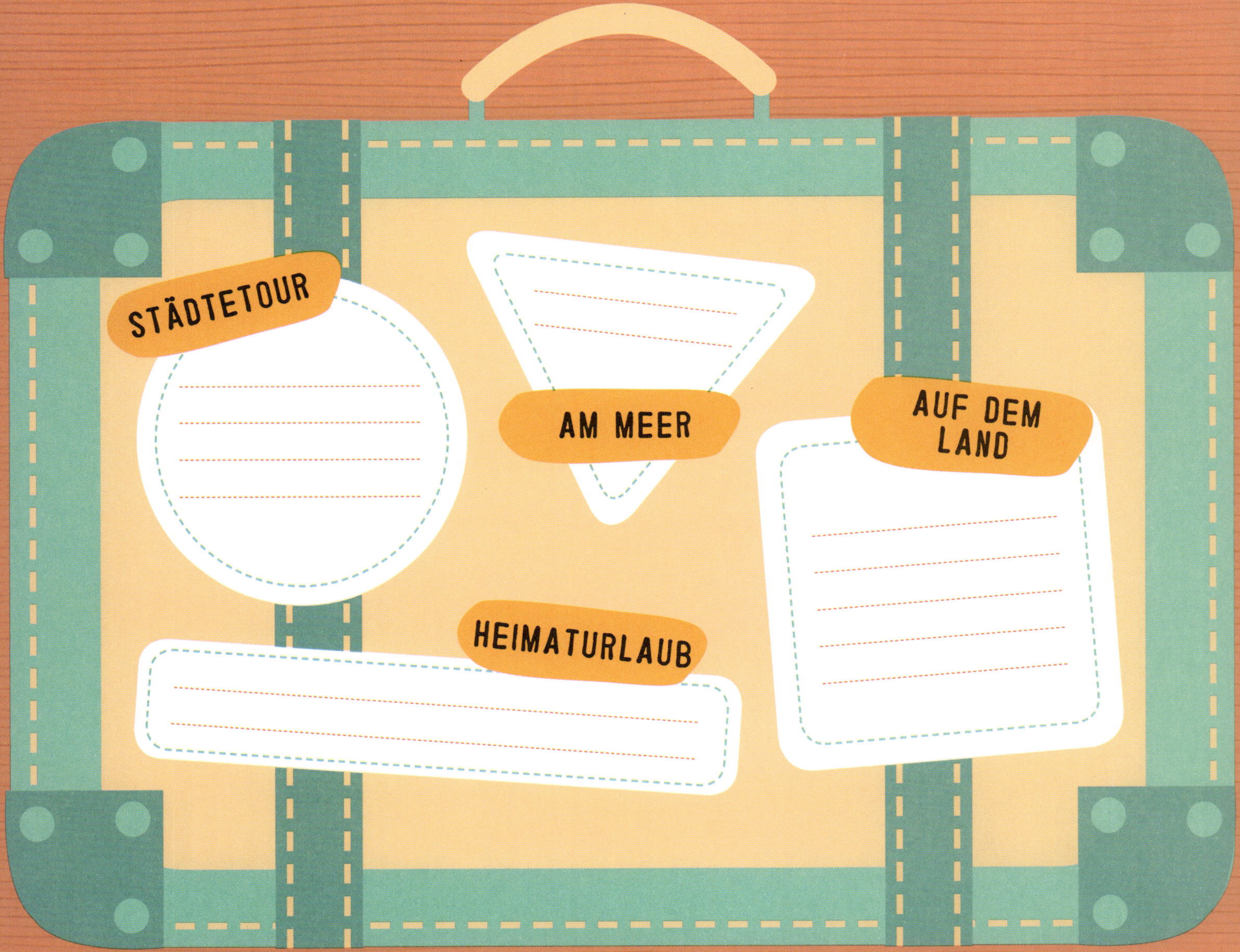

AM SCHÖNSTEN WAR ES IN , WEIL

ICH WAR MIT DIESEN MENSCHEN UNTERWEGS:

WENN MEIN HERRCHEN MAL NICHT FÜR MICH DA SEIN KANN, BIN ICH BEI:

CHILL-TIME

Foto vom Welpen
auf Reisen
einkleben.

IM URLAUB

Foto vom Welpen
am Strand
einkleben.

INTELLIGENZTEST

HIER SIND EIN PAAR EINFACHE AUFGABEN,
DIE ZEIGEN, WIE AUFGEWECKT ICH BIN.

FREUT SICH DER HUND AUF SEINE ÜBUNGEN ODER GIBT ER NUR PFÖTCHEN FÜR SEINE BELOHNUNG?

WENN ICH EIN NEUES GERÄUSCH HÖRE,

A. ◯ VERSUCHE ICH, DIE QUELLE ZU FINDEN.

B. ◯ HEBE ICH DEN KOPF UND SCHAUE UMHER.

C. ◯ REAGIERE ICH NICHT. EGAL.

WENN ICH IRGENDWO NEU BIN,

A. ◯ UNTERSUCHE ICH ALLES GENAU.

B. ◯ SCHNÜFFELE ICH VORSICHTIG.

C. ◯ SCHLAFE ICH EIN.

WENN ICH MEIN SPIEGELBILD SEHE,

A. ◯ BIN ICH GANZ AUFGEREGT.

B. ◯ WEDELE ICH MIT DEM SCHWANZ.

C. ◯ GEHE ICH WEG.

WENN ICH GESTREICHELT WERDE,

A. ◯ HEBE ICH DEN KOPF UND WILL MEHR.

B. ◯ SCHÜTTELE ICH MEINEN KOPF.

C. ◯ ZIEHE ICH MICH ZURÜCK.

BEI HINDERNISSEN AUF DEM WEG, ETWA ZWEIGEN,

A. ◯ STEIGE ICH VORSICHTIG DARÜBER.

B. ◯ STEIGE ICH HINÜBER, BERÜHRE ABER MANCHE.

C. ◯ BLEIBE ICH EINFACH VOR DEM HINDERNIS STEHEN.

MEISTENS A: EIN GENIE!

MEISTENS B: VÖLLIG OK

MEISTENS C: ICH ÜBE NOCH.

MEIN HERRCHEN LIEBT MICH, DENN ...

MACH EIN HÄKCHEN BEI DEN EIGENSCHAFTEN, DIE ZUM WELPEN PASSEN.

- ICH SEHE SEHR NIEDLICH AUS.
- ICH BIN IMMER ZU SPÄSSEN AUFGELEGT.
- ICH BIN VERSCHMUST.
- ICH LIEBE SPAZIERGÄNGE.
- ICH BIN GERN UNTER LEUTEN.
- ICH BIN IMMER NETT UND FREUNDLICH.

KNUFFIG

KOMM, WIR KNUDDELN.

ICH BIN ZIEMLICH LUSTIG.

ICH MACHE MEIN HERRCHEN FROH.

ICH GEHORCHE GUT.

ICH BIN VERSPIELT.

ICH BIN ETWAS ÜBERDREHT.

ICH ORDNE MICH GERN UNTER.

ICH BIN SCHÜCHTERN.

ICH BIN GANZ SCHÖN WILD.

ICH LIEBE MEIN HERRCHEN AUCH

MEIN 1. GEBURSTAG

ZUM GEBURTSTAG BEKAM ICH:

WIR HABEN GEFEIERT, INDEM WIR:

ALS FESTTAGSSPEISE GAB ES:

Foto vom jungen
Hund am ersten
Geburtstag
einkleben.

ALLES GUTE FÜR MICH!

ÜBRIGENS:

Foto vom ganz jungen Welpen am ersten Tag einkleben.

Schau, wie groß ich bin!

EIN GANZES JAHR

BITTE LÄCHELN!

Foto vom
einjährigen Hund
einkleben.

NÜTZLICHE ADRESSEN

HUNDESCHULE:

HUNDEPENSION/HUNDESITTER:

HUNDEFRISEUR:

BILDNACHWEIS

4, 24, 25, 26 shutterstock.com/ wet nose, 5, 10, 11, 14, 18, 19, 28, 29, 38, 39, 44, 46, 47, 49, 54, 55, 61, 62, 63 istockphoto.com/subjug, 13 shutterstock.com/Anna Hoychuk, 17 shutterstock.com/gillmar, 31 shutterstock.com/Annette Shaff, 32, 33 shutterstock.com/nrt, 41 shutterstock.com/Javier Brosch, 45 shutterstock.com/Hasloo Group Production Studio